El pan es una comida sencilla

Enseñando a los niños sobre las culturas

Por

Cherry Steinwender

Ilustrada por Lowell Hildebrandt

AuthorHouse™
1663 Liberty Drive
Bloomington, IN 47403
www.authorhouse.com
Phone: 1 (833) 262-8899

Información sobre impresión disponible en la última página.

ISBN: 978-1-6655-4102-2 (tapa blanda)
ISBN: 978-1-6655-4103-9 (libro electrónico)

Número de Control de la Biblioteca del Congreso: 2021921021

Publicada por AuthorHouse 11/16/2021

authorHOUSE®

Nota de la autora

EL PAN PUEDE ENSEÑAR UNA LECCIÓN PODEROSA

El pan viene en diferentes tamaños, formas, colores y texturas. Aun así, todo es pan. Los niños pequeños también vienen en diferentes tamaños, formas y colores, pero todos pertenecen a la misma raza humana.

El pan es un alimento tan sencillo, ¿verdad? Eso es lo que piensan muchos escolares antes de experimentar el innovador taller titulado "Abriendo la Cesta del Pan". A través de este alimento básico, los niños pueden aprender una profunda lección sobre las culturas.

"Abriendo la Cesta del Pan" es un taller interactivo de 30 a 45 minutos diseñado y facilitado por el Centro para la Sanación del Racismo para las escuelas primarias. El taller está diseñado para ayudar a los estudiantes a comprender más y desarrollar una apreciación por las diferencias.

Al probar una variedad de panes de todo el mundo, los niños tienen la oportunidad de aprender sobre las diferentes historias, significados, formas y sabores de los panes que se comen en todo el mundo. La lección les ayuda a comprender y apreciar diferentes perspectivas, creencias y prácticas culturales.

Mientras prueban panes de diferentes partes del mundo, los niños pequeños usan todos sus sentidos y también se divierten un poco.

Este libro fue escrito para ayudar a los niños a interiorizar la unidad de la familia humana.

Me gustaría agradecer a Barbara Abell, Marilyn Douglas-Jones, Sylvia Mayer, Melanie Mouzoon, Samantha Stark y Emma Williams por hacer posible este libro, y a Ana Eigler por traducirlo al Español.

Queremos agradecer a Univision Communications Inc. por contribuir a la traducción y publicación de este libro en español, como parte de su Iniciativa de Diversidad, Equidad e Inclusión.

Cherry Steinwender

¡Buenos dias! La Sra. Cherry saludó a su clase mientras se acomodaban en sus sillas. "A medida que nos acercamos al último día de clases, me gustaría que tuviéramos un Día de "Mostrar y Contar" muy especial que nos unirá y nos dará algo muy especial para recordarnos en los próximos años".

"Tenemos compañeros de clase cuyas familias se mudaron a los Estados Unidos después de su nacimiento; algunos son de la primera generación y otros son estadounidenses de segunda o tercera generación. Incluso tenemos compañeros de clase cuyos antepasados siempre han vivido aquí. En lo que me gustaría que se centrara esta demostración de "Mostrar y Contar" es en el pan que su familia comería en su país de origen. Algunos de ustedes todavía pueden comer el pan de la tierra natal de su familia, ya que la gente rara vez deja atrás su cultura cuando cruza las fronteras para construir un nuevo hogar. Es posible que algunos de ustedes tengan que pedirles a sus padres o abuelos que los ayuden a encontrar o hacer el pan de su tierra natal ".

"Piense en lo maravilloso que sería ver pan en diferentes colores, tamaños y formas. Lo que es aún más emocionante es pensar que, como el pan, todas las niñas y los niños vienen en diferentes colores, tamaños y formas."

En la mañana del Día de "Mostrar y Contar" los niños llegaron muy temprano con loncheras y bolsas grandes, ansiosos por compartir los panes de sus culturas. Como todos querían ser los primeros, muchas manos se agitaban en el aire. Fue difícil para la maestra decidir quién debería ser el primero. Finalmente, eligió a Gennet, cuya familia procedía de Eritrea y Etiopía.

Gennet abrió una bolsa grande y pesada. Sacó un pan muy grande de color gris llamado Injera (el pan plano de Etiopía). Sus compañeros de clase miraban con asombro, porque nunca habían visto un pan tan grande o tan gris. Mientras pasaba piezas, descubrieron que se sentía como una esponja húmeda.

Gennet les dijo a sus amigos que la forma en que su familia come Injera, es sacar una del paquete y colocarla en un plato. A continuación, ponen la carne y las verduras encima y se lo comen todo con los dedos.

Eso no fue todo. Gennet compartió otro tipo de pan que le gusta a su familia. Este era grande y redondo con diferentes símbolos grabados en la parte superior. "Se llama Ambasha y se puede comer como la mayoría de los panes rompiendo trozos pequeños", explicó.

Tommy apenas podía esperar su turno. En el momento en que Gennet terminó de compartir el Ambasha, agitó su mano salvajemente, "¡Elígeme, por favor, elígeme después!" Cuando la maestra señaló su turno, Tommy corrió al frente de la clase y sacó de su lonchera un pan diminuto, diminuto, diminuto que era de color muy oscuro. "Mi madre llama a esto un "Party Rye "" (pan de centeno de fiesta), dijo. El centeno se cultiva principalmente en el este, centro y norte de Europa. El cinturón principal de centeno se extiende desde el norte de Alemania a través de Polonia, Ucrania, Bielorrusia, Lituania y Letonia hasta el centro y norte de Rusia. El centeno también se cultiva en América del Norte (Canadá y EE. UU.) y en América del Sur.

El pan era tan pequeño que los niños se rieron mientras intentaban adivinar cuántos sándwiches tendrían que comer para considerarlo una comida. Tommy explicó que el pan de centeno viene en muchos tamaños y formas, pero el pan de centeno de fiesta es más fácil de compartir.

A continuación, la maestra eligió a Faizi y Bahji, gemelos que sostenían una caja grande entre ellos. Sus compañeros de clase no podían apartar la vista de la caja, preguntándose qué tamaño de pan podría haber en ella.

Faizi explicó que en su casa comen muchos tipos diferentes de panes del Medio Oriente, y estaba orgulloso de mostrar más a la clase.

Bahji metió la mano en la caja y sacó un gran pan plano y redondo que llamó Noon (Nun). "Noon O Pander" es lo que solemos comer en el desayuno o con queso como bocadillo. Es fácil de transportar y mantener porque es plano. El bolsillo se puede rellenar para hacer un sándwich, o se puede comer con guiso o salsas. Los estadounidenses lo llaman Pocket Bread o Pita (Pan de bolsillo o Pita) ".

Faizi sabía que el próximo pan realmente sorprendería a los niños. Barbari (Barbari) es un pan plano muy largo con semillas de sésamo en la parte superior. Fácilmente podría alimentar a toda la clase. Pero no se detuvo ahí. A continuación, mostró Lavash (pan de Lavash), un pan muy fino que era más grande que un escritorio cuando se desdoblaba.

Bahji terminó mostrando pan dulce iraní con pasas.

Zoe y Zach tenían a sus compañeros de clase al borde de sus asientos mientras les contaban sobre las costumbres que rodean los panes tradicionales de su familia. "El Challah (Jalá o pan de masa trenzada) es un pan muy hermoso y delicioso", dijo Zoe, "que se trenza tres veces antes de hornear. Se come en los viernes en la noche y sábado para recordar a los judíos su relación con Dios y la tierra de Israel ". Zach y Zoe les dijeron a sus compañeros de clase que les encantaba la Pascua debido a la comida especial llamada "Seder" (orden), donde todos comen Matzá (pan sin levadura), un pan duro y plano que no se levanta cuando se hornea. Zoe y Zach les dijeron que los judíos comen Matzá durante ocho días durante la Pascua para recordar que una vez fueron esclavos en Egipto. "Ahora que somos libres", les dijeron los gemelos, "tenemos el deber de ayudar a otros a ser libres".

Los compañeros de clase de Zoe y Zach aprendieron mucho sobre el pan y sobre la historia del pueblo judío.

Chirag sonrió gentilmente mientras se acercaba al frente de la clase. Él y su familia vinieron aquí desde la India cuando era un niño, y muchos de los alimentos y panes que se comen en su casa son de la India.

Chirag levantó un pan que llamó Naan (Nan). "Un poco de Nan", dijo, "se llama Tandori Naan por los grandes hornos de piedra en los que se cuece el Nan". A los niños les encantó la textura suave y masticable del pan. "También hacemos panes planos que son picantes y crujientes, como papas fritas". Les mostró un pan redondo de color naranja brillante. "Este se llama Chapati".

María, cuyos padres son de México, no podía ignorar el olor de las Tortillas que su padre había preparado ese mismo día para compartir con sus amigos. Había estado mordisqueando el pan antes de que comenzara la clase.

Afortunadamente, le quedaban suficientes Tortillas y Bolillos para compartir. Las tortillas eran redondas y muy finas, y ella tenía tortillas de maíz y de harina para compartir. "Las tortillas de harina se llaman gorditas cuando se sirven con mantequilla y azúcar", les dijo. "El Bolillo es un pan blanco con forma de balón de fútbol. Es delicioso cuando se tuesta para el desayuno o para sándwiches.

Siegfried quería que los niños supieran que nació en Austria, pero los miembros de su familia están en Alemania y Suiza, por lo que su familia come muchos tipos de panes. Trajo Pumpernickel, (pan integral de centeno), un pan negro alemán y Kaiser Rolls (Panecillos Kaiser). Kaiser es una palabra alemana que significa rey. En Alemania, el rey era una persona tan importante que se nombró un pan en su honor.

Los estudiantes pensaron que era divertido nombrar un pan en honor a un rey. Siegfried les dijo que en los EE. UU. Podemos comprar pan llamado Hawaiian King Bread (Pan Hawaiano King's), que la marca también lleva el nombre de un rey. El pan Hawaiano es un pan dulce portugués único que se horneó por primera vez en Hawái.

Yvette saltó de su silla con alegría cuando la llamaron por su nombre. ¡La sonrisa ligeramente traviesa en su rostro alertó a la maestra de que estaba tramando algo! Sacó su pan –croissant (cuerno o pan de media luna) - y pidió a todos los adultos en la habitación que se taparan los oídos. Susurró a sus compañeros de clase: "La respuesta a la pregunta que les haré a los adultos es Viena, Austria, como la han contado muchos austriacos".

Yvette sabía que mucha gente no es consciente de que el pan de media luna fue hecho por primera vez por panaderos para honrar el sonido de la alarma, que condujo a la derrota de los turcos, en un momento en que Turquía y Austria estaban en guerra. Los turcos eran musulmanes y el símbolo del Islam es la luna creciente.

Ella les dijo a los estudiantes que algunas personas cuentan la historia de que en 1529 durante el asedio turco de Viena, Austria, los panaderos vieneses escucharon los ruidos, alertaron a los defensores y evitaron la caída de la ciudad. Para celebrarlo, los panaderos formaron rollos en forma de luna creciente. Los rollos se conocieron como Kipferl.

Yvette les dijo a los adultos que se destaparan las orejas y les preguntó: "¿En qué país se originó el pan de media luna?" Muchos de los adultos adivinaron Francia y los niños exclamaron con alegría: "¡Incorrecto! Los cuernos o panes de media luna se elaboraron por primera vez en Viena, Austria ".

Yvette explicó: "Mi familia es de Francia, donde el pan de media luna se hizo popular. Por eso es consumido por tanta gente ". Muchos de los niños ya conocían el delicioso sabor del panecillo en forma de media luna.

Yagniza se puso de pie lentamente, sosteniendo una pequeña bolsa en su mano. Había esperado pacientemente su turno y sintió un poco de tristeza y alegría cuando abrió la bolsa para mostrar a sus compañeros el Pan Frito (Frybread) que su madre había preparado esa mañana.

Ella le dijo a la clase que era diferente a la mayoría de ellos porque su familia y antepasados no llegaron a los Estados Unidos en barcos o aviones. "Siempre han estado aquí. Este siempre ha sido su hogar. Pero no siempre han comido Pan Frito ", explicó.

"El Pan Frito se creó en el siglo XIX cuando los nativos americanos fueron obligados a ingresar a reservas indígenas y el gobierno les dio raciones de harina y manteca de cerdo. De esas raciones salió El Pan Frito". Yagniza le dijo a la clase que los nativos americanos fueron los primeros en cultivar el maíz que se usa para tortillas y pan de maíz. Cuando Yagniza repartió el Pan Frito, Chirag dijo: "En la India, hacemos un pan como este llamado Poori (Pobri)".

Hazyl se paró frente a la clase sosteniendo una gran barra de pan de color tostado. Cuando lo partió por la mitad, dijo: "Este pan representa quién soy: dos colores diferentes". Un color era un marrón oscuro intenso y el otro un blanco nevado. Cuando vio el pan por primera vez, le preguntó a su madre: "¿Cómo puede ser este pan de dos colores?" Su mamá explicó: "Antes de que los panaderos pongan el pan en el horno, usan dos colores diferentes de masa de pan que se trenzan. Cuando el pan está listo, el resultado son dos hermosos colores como tú. La parte más clara soy yo y el color marrón intenso es tu papá ".

Jason miró mientras su corazón se llenaba de alegría. Luego dijo: "Este pan cuenta la historia de quién soy, pero mi mamá es del color marrón intenso y mi papá es el color más claro. Los colores combinados me hicieron ".

La maestra sonrió mientras miraba todos los panes que los niños habían traído para compartir con sus compañeros de clase. Les recordó lo que había dicho el día en que les contó por primera vez sobre esta demostración de "Mostrar y Contar" tan especial. "Las niñas y los niños vienen en todos los tamaños, formas y colores, como el pan. Todos los panes pertenecen al grupo del pan y todos los niños pertenecen al grupo humano, por lo que todos somos miembros de la misma familia ".

"No importa el color del pan, todos son buenos. Y no importa el color de los niños, también son buenos ", enfatizó.

A continuación, los niños le preguntaron a la Sra. Cherry qué panes comía cuando era niña. "El pan de maíz era el pan que comía mi familia, y muchos de nosotros todavía lo hacemos. El pan de maíz era una parte importante de cada comida. Comíamos pan de maíz por la mañana en el desayuno con leche como cereal y, a veces, con almíbar ".

La maestra sólo tenía un pan más para los niños: un pretzel. Los niños sintieron que ella había cometido un gran error. "¡Los pretzels son bocadillos, no pan!" exclamaron.

La Sra. Cherry explicó: "Mucha gente cuenta la historia de que los pretzels eran mucho más grandes y los monjes los horneaban primero para el desayuno de los niños con buen comportamiento que decían sus oraciones". Los pretzels son el único pan elaborado especialmente para niños.

Después de un día tan maravilloso, la maestra señaló: "Solo queda una cosa por decir. El pan viene en diferentes tamaños, formas, colores y texturas. Aun así, todo es pan. Los niños pequeños vienen en diferentes tamaños, formas y colores, pero todos pertenecen a la misma raza humana y todos los niños son hermosos ".

"Tantas lecciones con mucho que aprender", dijo la Sra. Cherry. A estas alturas, todos los niños se preguntaban cuándo probarían los panes.

ASÍ QUE LA MAESTRA ANUNCIÓ "¡BON APPETIT!" o ¡ BUEN PROVECHO!

Printed in the United States
by Baker & Taylor Publisher Services